별들이 내리는 새벽

오양순 시집

오늘의문학사

별들이 내리는 새벽

◆서문◆

사랑은 절실할 때 아름답습니다

문학평론가 **리 헌 석**
(사) 문학사랑협의회 이사장

1.

사랑은 절실할 때 아름답습니다. 생활 속에서 마주하는 희로애락(喜怒哀樂)은 대부분 주관적 사랑에 말미암습니다. 때로는 아주 작은 사랑도 이 세상의 그 무엇보다 더 크게 느낄 수 있습니다. 타인들에게는 심상(尋常)한 일도 정작 당사자에게는 감내하기 힘들 정도로 절실할 수 있습니다.

필자는 오양순 시인의 첫 시집 『그리움의 징검다리』(2001)를 감상하면서 주관적인 사랑과 함께 인류 보편적 정서를 만난 바 있습니다. 그 사랑을 공유하기 위하여 역지사지(易地思之)하면서 감상한 바 있습니다. 10여년이 지난 후 두 번째 시집 『별들이 내리는 새벽』의 작품을 읽으며 새로운 감동을 체험합니다.

2.

사랑하는 대상의 모호성과 표현의 유사성에 의해 두 시집에서 받은 감동은 동질적 농도(濃度)입니다만, 가족에 대한 정서는 완연하게 달라서 그의 변화된 내면이 궁금해졌습니다. 다시 읽을수록 새로운 감동의 여진(餘震)이 메아리처럼 커다란 동그라미를 그리며 가슴을 파고들었습니다.

오양순 시인은 관리직 여성으로서 바쁜 일상이었지만, 효성이 지극한 시인으로 알려져 있습니다. 불혹(不惑)에 이른 그가 친정어머니를 모시고 살면서 지극정성으로 봉양하여 많은 사람으로부터 칭찬을 들었습니다. 첫 시집에 수록된 「어머니 2」에서 〈어머니의 뜰은 언제나 따뜻하다〉〈동이 트면 뒷밭에 나가서/ 이슬을 털며 일하시던 어머니〉〈눈물보다 고운 사랑/ 당신의 주름에 담긴 은혜가 곱다〉라고 행복한 정서를 형상화하였습니다. 이러한 정서가 두 번째 시집에서는 애상적 정서로 변환(變換)되었습니다.

숨가쁜 신음소리
동트는 아침을 불러오고
긴 한숨 끝으로
멈춰버린 심장의 고동
삶의 저려옴을 버리시는 어머니

함박 웃음
크게 한번 웃으시도록
따슨 가슴으로

한번 안아드리지 못했는데

피멍이 부서져
한줌의 재가 되어 홀로 가신 어머니

평생 사랑을 놓아주시지 않으신
그 가슴이 그리워
목 놓아 눈물 흘리는
이 자식을 용서하소서

—「어머님 전에 부치는 편지」 전문

어머니를 여읜 시인이 〈목 놓아 눈물 흘리는〉 상황입니다. 어머니의 별세와 관련하여 쓴 다른 작품도 한결같이 애상적 정서를 환기(喚起)합니다. 1연에서는 밤새 간병하던 중에 마지막 숨을 내쉬며 운명하시는 어머니의 절박한 순간을 표현하고 있습니다. 이러한 표현을 공유하면서 필자의 가슴에도 보이지 않는 눈물이 시내를 이룹니다.

이후에 그는 멀리 떠난 어머니를 환영(幻影)으로 그리워합니다. 「어머니 1」에서 〈눈을 감아도/ 그려지는/ 백발이 되신 당신 모습〉을 떠올리면서 그리워합니다. 「어머니 2」에서도 〈먼 산자락 푸르름에/ 인자한 얼굴〉을 그리면서 속죄합니다. 「어머니 4」에서도 〈불러도 대답 없고/ 손에 닿을 듯 가깝다가도/ 더듬고 더듬어도/ 유리 속에 끼어 넣은 주름 가득한/ 사진 한 장 속의 어머니〉여서 안타깝습니다.

이처럼 눈물겨운 작품은 절실한 감성과 닿아 있습니다. 어머니를 여읜 독자들은 자기 자신을 대신하여 울어주는 오양순 시인의 노래에 휘모리장단과 같은 감동을 공유할 것입니다.

3.

부모에게 자녀는 평생 지고 가야 할 짐입니다. 아무리 잘난 자녀도 부모에게는 돌보아야 할 대상이기 때문입니다. 그러나 자녀는 짐으로만 존재하는 것이 아니라, 헤아릴 수 없는 행복을 안겨 주는 대상이기도 합니다. 그래서 부모들은 자녀들에게 거의 무조건에 가까운 사랑을 베풀게 마련입니다. 부모의 내면에는 잘 자란 자녀들이 성장하여 보답하기를 바라는 소망도 들어 있을 것이지만, 대부분 계산하지 않은 사랑이어서 순수합니다.

오양순 시인의 첫 시집에는 자녀에 대한 작품이 눈에 띄지 않습니다. 그렇지만 두 번째 시집에서는 절실한 모성이 드러나는 작품이 몇 편 수록되어 있습니다. 군(軍)에 입대한 아들을 그리워하며, 가까이에서 돌볼 수 없는 안타까운 정서가 애틋합니다.

인터폰 소리
"아들한테 소포 왔어요."
군사우편
땀이 밴 작은 박스
체온이 담겨 있는
내 귀에 들리는 네 숨소리

가슴이 방망이질 한다.
깨알같이, 너의 마음이
종이 위에서
내 시선을 끌어당긴다.
흔들리는 어머 앞에서
당당한 모습이다.

—「아들에게 2(소포 온 날)」 전문

사실적으로 묘사한 작품입니다. 군에 입대한 아들의 소지품이 소포로 도착하기 전에 분단 한국의 어머니는 가슴 메어지는 체험을 합니다. 오양순 시인도 「아들에게 1(입대하던 날)」를 통해 〈보이지 않는 혈육의 끈〉에 의한 〈고통과 희나리의 연속〉을 고백합니다. 장성한 아들이 〈살얼음 위에 던져놓은 갓난아기〉와 같아서 마음을 졸이기도 합니다. 연병장을 가로질러 〈시선 속에서 사라지는 아픔을/ 가슴에 쓸어안고〉 돌아서야 합니다.

아들이 그리워서 면회를 갑니다. 만남도 잠시, 〈철조망 너머/ 손짓〉하는 것으로 발길을 돌려야 합니다. 〈높게 둘러쳐진/ 울타리 속으로 걸어가는 발길/ 눈시울 적시며 돌아서는 너는/ 어린아이〉와 같다고 노래할 수밖에 없습니다. 「아들에게 3(양덕원의 면회)」에서처럼 아들과 어머니는 만남과 헤어짐 사이에서 더욱 그리워합니다. 몇 번의 '휴가'와 '귀대'를 통하여 모자(母子)의 사랑은 더욱 깊어집니다.

이처럼 절실했던 정서를 분단 한국의 어머니들은 공유하고 있습니다. 이와 같은 작품으로 인해 서로 위로하며 위로 받게 마련입니다. 그리움과 사랑은 서로의 가슴을 나누는 바탕이기 때문입니다.

4.

오양순 시인은 때로 소녀시절의 분홍빛 사랑을 노래하기도 합니다. 아직도 순수한 감성을 잃지 않았다는 반증(反證)입니다. 그러면서 사랑의 소망을 가꿉니다.

> 진한 커튼 뒤로
> 아침이 눈을 뜹니다.
>
> 밤새
> 당신의 꿈을 꾸며
> 가슴에 품었습니다.
>
> ―「소망 하나」 일부

이 작품을 감상하면서 여러 상황을 유추해 봅니다. 시인이 〈밤새〉 그리워한 대상이 궁금합니다. 이제는 만날 수 없는 어머니이거나 아버지일 수도 있겠다는 생각을 합니다. 어쩌면 잊을 수 없는 사랑의 대상으로도 보입니다. 그 대상이 누구이거나, 그리운 사람을 그리워하고, 이렇게 작품으로 투영(投影)할 수 있는 시인은 행복하겠다는 생각을 합니다.

오양순 시인의 작품을 읽으며, 행복을 나누는 것, 이것이 시집을 읽는 보람이라고 생각합니다.

1부 다시 사랑할 수 있다면

2부 그대 그림자

3부 소중한 인연

4부 상념의 바다

1부

다시 사랑할 수 있다면

바다

속박된 삶의 녹을 벗겨내듯
바다는 번뇌들을 한 순간에 삼킬 것 같은
거친 파도를 안고 와
거대한 고리를 풀어버렸습니다

다시 사랑할 수 있다면

이별의 두려움 때문에
같이 할 수 없는 아픔을 견디며
곁에 있어 좋은 사랑이지만
운명은 언제나 먼곳에

언젠가 다시 만나 사랑을 나눈다면
붉은 장미꽃 한다발
뜨거운 가슴에 안고 가겠습니다

따스한 숨결로 어루만져 주던
수많은 시간들
재회의 약속도 없이 떠나셨나요

고인 눈물이 마르기도 전
붙잡을 수 없는 작은 가슴엔
검은 멍만 가득합니다

다시 만날 수만 있다면
굵은 동아줄로 꽁꽁 묶어
헤어지지 않을 겁니다.

일상

아침은 고요하다
다시 시작하는 일상의 예고편처럼
난 또 하루를 걸고
싸워야 한다

드라마의 주인공처럼
카메라가 돌아가고
가끔은 만족한 미소를
쓸어안고 살지만

하루의 마지막 장면
어둠이 스미고
지친 발걸음으로 돌아오면
어느덧 침대 위에서
혼자만의 누드 모델이 된다.

무제

지금
스스로 정지선 위에 올려놓은
한 순간만이라도
나를 사랑하자

온통
가슴이 터질 것 같은
불 같은 시간

정지할 수 없는
기쁨의 도가니 속에
나를 담아
후회 없는 삶을 삭히며

멍울

깊게 멍든 상처
씻어버리려고
먼 길
한걸음에 달려온
그대여!

낙엽 되면 밟힐까
따뜻한 마음으로 받아주던
어머니 손길 같은
부드럽고 따슨 온기 속은
당신의 사랑을 확인하는
나의 마음입니다.

소망 하나

진한 커튼 뒤로
아침이 눈을 뜹니다

밤새
당신의 꿈을 꾸며
가슴에 품었습니다

비누거품처럼
부푼 이야기

나의 소망 하나
가까이 있을 그날까지
기다리겠습니다

하루

복잡한 생각들이
시작되는 하루

한 줄기 상념이
머리를 흔든다

마음 다스리기
이렇게 어려울 줄이야

모든 것을
가릴 수 있는
검은 커튼 뒤에 숨고 싶은
하루가 내 앞을 서성입니다

환희

가슴 뭉클한 뜨거움이
불타 오른다

허공을 휘젓는
보이지 않는 그림자
나를 미지의 늪으로 밀어 넣는다

환한 그리움에
지워지지 않는
소담스러운 그 모습

나의 소망

하나는 쓸쓸해
둘을
그리기 위해
걸어온 긴 세월

혼자라는 게
너무 아파
함께이고픈
완성된 아름다운 그림

창가에 기대어

아주 오래 전
나무와 구름
하늘이 보이는 창가에 기대어
숱한 시간을 쫓기며 걸어온
시간의 틈을 보았다

아침이 되면
어김없이 텅빈 적막을 깨며
습관처럼 발길을 옮겼던 일상

너무 길었다
먼 길 돌아와
이제서야 제자리를 찾는 일은.

스산한 오후

또 언쟁이 시작된다

같은 시간
같은 일이지만
언제나 그렇듯이
대지 위를 적신 굵은 빗줄기에
온몸으로 퍼진 욕망들을 씻어내며
늘 가슴은 행복이라 속삭인다

전화

그리워하면서도
그립지 않다고 말한다

그리워하면서도
보고 싶지 않다고 말한다

그리워하면서도
만나고 싶지 않다고 말한다

그리워하면서도
영원히 이별하자고 말한다

그리워하면서도
소리없는 전화를 건다

추억

좁은 길에
유년이 넘친다

널직한 길에서
좀처럼 만나지 못했던
추억 같은 인정을
다시 만나는 지금

대전 변두리 골목이
유난히 포근하다

구르는 돌멩이 하나
햇살에 반짝이고
수직의 담벽
위태로운 마음인데

오랜만에 만나는
소슬한 바람

꿈처럼 불어와

추억을 일으켜 세운다

2부

그대 그림자

그리움이라는

눈을 뜨면
보이지 않는 체온

죽을힘 다해
그대를 안고
또 안아서
더 이상 보내지 않고
내 가슴에 꼬옥 안아둡니다

별들이 내리는 새벽

고요하다 못해
새벽은
두려움으로
시린 가슴을 들썩입니다

어둔 하늘엔
별이 구름 뒤에 갇혀있지만
마음 속 무수한 별들이
눈을 뜹니다

아침은
눈부신 햇살을 안고 와
내 곁에 머물겠지요

소녀에게

너는 어두운 바다에
내 등대였지

코끝에 멈춘 쟈스민 향기
이슬처럼 은은한 눈빛
포근히 안아주며
입맞춤 할 때
너는 나의 햇살이었지

아침 이슬 담긴 고운 눈망울
숨결 속에 빛나는 모습
향기 그윽한 그곳에서
시들지 않는 꽃이 되어
내 영혼 속에 끝없이 피어난다

비오는 날

기다림도 없는데 비가 내립니다
바다가 보이는 창가에서
따뜻한 차 한자 같이 나누자던
그대의 말이 생각납니다
빗속에 마음이 젖어와도
슬퍼하지 않겠습니다.
지울 수 있다는 건
오히려 추억 속의 그림자를 쫓고 있는 일
그대를 내 그림자 속에 오래 묻어두어도
아픔만은 아니겠지요

후회 없는 사랑

삶의 무게를 느끼는 세월은 흐르고
같이 했던 시간들은 덧없이 흘러
후회 없는 사랑을 기억합니다
영원히 함께할 수 없어 떠난 그대
웃음으로 보낸 짧은 이별은
서로가 원한만큼 다하진 못했지만
내 생에 다시없는 큰 사랑이었습니다

미련도 조각난 가슴을 만든 추억도
식지 않는 열정까지도
모두 기억 뒤켠으로 묻어 버린 채
추억만을 남기고 떠난 그대는
아직도 마음 곳곳에 잔뿌리로 남아
신열을 앓게 하지만
진정 후회할 수 없는 사랑이었습니다

사랑 이야기

언제
우리가 만나
큰 사랑을 가슴에 담을까

세월의 흐름에 밀려가
만나고 헤어짐이 반복된다 하여도
소중한 그대와의 만남은
붉게 타오르며
가슴을 태워도
영원한 사랑으로 남습니다

그대 그림자

그대에게 가까이
다가서지 못했던
어리석음이
후회로 남는다

바라보는 것만으로
행복을 느낀다는
환상마저 지워버리고 싶은
마음에서일까

다가섰다가
뒷걸음질하는 것도
보여주지 못했다

기다림의 씨앗

기다림
그리움
보고 싶은 마음
마음속에 간직했던 사랑하는 마음
기다림의 씨앗은
파란 새싹으로 움트고
당신을 만나기 위해
향기 가득 담은
그리움을 펴고 있습니다

오랫동안
볼 수 없었던 모습
그대 만나는 날
나는 활짝 핀 장미가 되어
당신에게 달려가겠습니다.

우산이 되어

비가 오면
나는 너의 우산이 되고 싶었다

빗소리를 들으며
손을 잡고
꽃이 핀 거리에
한잎 두잎
비바람에 흩어진 들꽃의 거리에서도
너에게 진한 향기가 되고 싶었다

세상에 태어나
단 한 사람을 사랑하고
그 사랑을 놓칠까 두려워
새벽보다 더 깊은 새벽으로
그 사랑을 묻고 간다

운명이라는 것은

누구를 만나고
누구를 사랑하게 되는 것은
운명일까

언제 내 삶에
머무르게 되었는지조차
몰랐던 그대가
나에게도 와서
내 삶의 인생관이 되었다

우연

어쩌면
우연이라도 만날 것 같은 미련
외로움 덩어리
불쑥 고개 치켜들면
너와의 해후를 기다리는 마음

보석 같은 네온의 불빛
내려앉은 거리에서
지난
기억 한 조각을 꺼낸다

지우개

지워지지 않는
또렷한 추억들
멈추려 해도
달려가는 마음은
어쩔 수 없는데
이제 그만
그 속에 담겨있는 아픔
하얗게 지워
멈추게 하고 싶다

기억 속으로

자꾸만 침몰하는
기억 속에서
꺼내지 말아야 했던
사연들이 고개를 내민다

다시
되돌리지 말자
초점을 잃어버린
흐린 기억일랑 털어버리자

3부

소중한 인연

어머니 1

당신을
그리워 할 시간도 없이
바쁜 일상에 밀려
잊어버리는 얼굴
눈을 감아도
그려지는
백발이 되신 당신 모습

태양의
강렬한 빛으로
다가서는 뜨거운 사랑을
오늘도 그리움으로 받으며
하루를 접습니다

어머니 2

저린 손을 늘 잡아주지 못하고
행동 없는 생각과 말뿐
지척에 계신 어머니
저는 오늘도
당신을 외면하고
밥 세 끼로 배를 채웠습니다

당신은 아픔의 흔적도
생각하지 못하신 채
비애하시는 모습
먼 산자락 푸르름에
인자한 얼굴만 그려봅니다

벌거벗어 감추지 못하는
잃어버린 과거
흐려진 당신의 눈물 고인 눈동자
가느다랗게 보이는 고운 웃음 뒤로
하루를 접어야 하나요.

어머니 3

얼음장 같은 당신의 손과 체온
떨고 계신 저린 손마디에
무엇을 기대하며 몸부림치시나요
어머니!
아직 제가 쏟아야 할 마음은
한없이 탑처럼 쌓여있는데
다 받지 못하신 채
그리 누워만 계시나요

어머니 4

당신이 떠난 다음에야
더 깊고 깊은 사랑과 은혜를 느끼는
자식을 용서하소서

불러도 대답 없고
손에 닿을 듯 가깝다가도
더듬고 더듬어도
유리 속에 끼어 넣은 주름 가득한
사진 한장 속의 어머니 모습

보고 싶고
또 보고 싶습니다
그 소중했던 시간 속에서도
따뜻한 말 한마디
건네지 못했던
자식을 용서하소서

어머님 전에 부치는 편지

숨가쁜 신음소리
동트는 아침을 불러오고
긴 한숨 끝으로
멈춰버린 심장의 고동
삶의 저려옴을 버리시는 어머니

함박 웃음
크게 한번 웃으시도록
따슨 가슴으로
한번 안아드리지 못했는데

피멍이 부서져
한줌의 재가 되어 홀로 가신 어머니

평생 사랑을 놓아주시지 않으신
그 가슴이 그리워
목 놓아 눈물 흘리는
이 자식을 용서하소서

어머님 가시던 날

온기 사라지고
식어버린 당신의 육신

아픔과 시련을
남겨두고
홀로 먼 길 가신 어머님

동행할 수 없는 길이기에
가슴을 적시는 아픔만 담고
후회하는 이 자식

숨가쁘게 걸어오신
당신의 발자국마다
사랑의 무게가 눌러있어
불효한 못난 자식의
슬픔을 더하게 합니다.

아들에게 1

— 입대하던 날

떨리는 목소리 너를 따라가면
눈 속에 고인 눈물
닦기도 전에 달려가는 뒷모습
"아들아"
"걱정하지 마세요, 어머님"
남긴 한마디
가슴이 시려옵니다

끝없는 넓은 연병장 가로질러
뛰어가는 뒷모습
눈물로 대답했지
보이지 않는 혈육의 끈
빈 하늘 바라보며
다시 안길 것 같은 기다림은
고통과 희나리의 연속이었다
깨질 것 같은
살얼음 위에 던져놓은 갓난아이
내 시선 속에서 사라지는 아픔을
가슴에 쓸어안고 돌아선다

아들에게 2

— 소포 온 날

인터폰 소리
"아들한테 소포 왔어요"
군사우편
땀이 밴 작은 박스
체온이 담겨 있는
내 귀에 들리는 네 숨소리
가슴이 방망이질 한다
깨알같이, 너의 마음이
종이 위에서
내 시선을 끌어당긴다
흔들리는 어미 앞에서
당당한 모습이다.

아들에게 3

— 양덕원의 면회

철조망 너머
손짓하며
아쉬움에 발길 돌리지 못했다

높게 둘러쳐진
울타리 속으로 걸어가는 발길
눈시울 적시며 돌아서는 너는
어린아이였다

저만치
멀어지는 뒷모습에
내 아쉬운 눈길은 떨어지지 않는다

아들에게 4

— 휴가온 아들

푸르름으로 우뚝 선
늠름한 네 모습
바라보기조차 아까운
건강한 육체로
내 앞에 선 너는
굵은 기둥이었다

뒷모습 보인 지 백일
재회의 기쁨은
내 가슴을 풍선처럼 부풀리고
짧은 너와 나눈 온기
다시 돌아가는 시간이 되어도
장한 내 분신
너는 영원한 내 지렛대다

너의 방

높은 콘크리트 벽들이
답답하게 줄 서 있는 하늘 아래
너의 숨결이 고스란히 남아있는
방 하나
창을 열면 햇살이 비집고 들어와
어둠을 걷어내고
예쁜 인형에게 미소를 보낸다

영원한 보석

사랑하고 또 사랑해도
더 사랑하고 싶은
내 영혼과도 같은
내 아이들…

보고 또 봐도
또 보고 싶은
내 가슴을 보듬고 싶은
내 아이들…

만지고 또 만져도
또 만지고 싶은
부드럽고 소중한
내 아이들…

50평생 그들이 있어
인생의 향기가 되고
행복이 된
내 영원한 보석.

4부

상념의 바다

상념의 바다

마음은 빈잔
시간을 잡지 못한 채
뒤안길을 서성이며
환희에 취한 삶의 정열을 태운다

상념의 바다는 파도를 물고
신비롭게 다가와
부딪치는 아픔에
물보라를 날려보낸다

시름과 행복도 잊은 채
기억 깊숙이 숨었다가
또다시 눈을 비빈다

생각일 뿐

그것은 내 안에 잠자고 있던 생각일 뿐
행동하지 못했던 어리석음
참고 견디는 것조차
어둠 속으로 사라져버릴 것 같은
내 시선을 벗어난 희미한 그림자
그것은 집착이었다

멀리서 서성이며
가느다란 미소를 담고
다하지 못했던 소망했던 모습들
그것은 내 기억 상실증이었다

삶의 무대

아침이 눈을 뜨고
어둠을 쫓아내는 시간
하루의 무대를 열고
바쁜 발걸음에 시동을 건다

목표는 내 머리 속에서
물레방아처럼 돌아가고
나를 유혹하는 모습들이
시선을 끌어당기며
손짓을 한다

늦은 귀가

하루해가 꼬리를 감춘
나의 시간은 짧아
못다 한 일들이
책상 위에 쌓여
손끝을 기다리는데

피곤한 몸
기다리는 일들을 외면한 채
발길은 어느새
집을 향해 움직이고 있다

다시 아침이 오면
누구도 대신할 수 없는
나의 시선만을 기다리는 일들
온몸으로 사랑을 쏟아야한다.

내 영혼은 잠들지 못한다

깊고 무거운 밤에도
쉽게 잠들지 못하며
갈구하는 눈빛

어둡게 가로막고 있는
검은 밤처럼
허락되지 않는 삶의 공간

그 표면을 보여주지 않기 위해
몸부림친다

고통으로 지친 문을 닫고
가면을 씌워보지만
다시 흔들리며
동경의 세계를 갈망하는
내 영혼은 잠들지 못한다

그 자리 1

옆에 두지 못하는
그 시간들
비워버린 가슴 한구석
채우지 못한 간절함

메아리로 돌아오는
목소리만 방황을 한다

잡히지 않는 하루가
허공을 배회하는데

내 마음은
서쪽하늘에 걸려
붉은빛으로 탄다

그 자리 2

그곳에
내가 있습니다.

기다려야 할 사람
그 사람 때문에
조여드는 시간 속을
두리번거리며
마음은 서성거리고

뚫고 들어가고픈
그 자리
그대와 내가 있습니다

빈 가슴

회오리치는 꿈속을
헤집는 먼 그리움
채워지지 않는 빈 가슴에
찬 바람이 스친다

그대와 나눈
짧은 연정은
사랑이란 단어를 얻었지만
부질없는 욕망의 바퀴에 밟혀
지나온 시간들이
뉘우침이 되어
향기 잃은 꽃은 시들어 갈 수밖에

편지 1

뒤돌아보면
기다림으로 채워지던
수많은 시간
함께 공유했던
아름다운 짧은 시간들

그대의 마음을 채워주지 못한
내 미련함이
시간을 원망하고 있다

가슴으로 다 보내지 못한
꿈꾸었던 일들
당신의 가슴으로
내 마음 담아
하얀 봉투에 넣어 보냅니다

편지 2

새벽
혼자 서성이는 반달처럼
반쪽인 누군가를
찾아보지만
다시 채우지 못하고
돌아오는 아쉬움

가느다란 숨소리 뒤로
느껴지는 외로움
다시 시작의 길은 열리고
기다림도
방황도
아픔도
미움까지 다 잠재워 버리고
다시 그대에게 편지를 쓴다

편지 3

사랑
지워질 수 없는
아름다운 단어 속에
숨어있는 얼굴

약속도 없이
기다림의 자리에 서 있는
어린아이 같은 미소가
행복의 시작 속으로 끌어당긴다

이별 뒤에

더 이상의 아픔을 담아 둘 수 없어
그림자를 지우며 떠나야한다

같이 했던 기억 속엔
행복이 넘실댔지만
널 볼 때마다
한쪽 가슴은 시려오고
이제는
미움도 미련도 없는
시간 속으로
너를 돌려보낸다

우리 인연의 끈은
소리 없이 끊어져
마음속에 접으려 한다

방황의 베일

돌려 놓을 수 없는 세월
허공 위에
이름을 쓴다

까맣게 지워지는 여름밤
무언의 의식 속으로
속삭임 하는 별들까지
내 방황을 안 것일까

먼 곳까지 찾아와
깜빡이는 별들

이른 아침 종소리

분주한 하루가 시작되는
종이 울린다
밖은 아직 어둠을 채 벗지 못했는데
몸은 어느새 현관을 나선다

이 시간이 지나면 다시 오지 못할
시간이기에 새벽공기 벗삼아
하루를 시작하는 헬스클럽으로
발길을 옮긴다

부지런한 사람들 벌써
땀을 흘리고 있네
다시 찾을 수 없는 순간들을
기억하기 위해

◆작품평설◆

詩, 두려움에서 길을 찾다

— 오양순 시집 『별들이 내리는 새벽』

이 규 식
문학평론가, 문학박사
한남대 프랑스어문학과 교수

10년의 내공, 삶의 화두 찾기

10년만에 두 번째 시집을 펴내는 오양순 시인에게 그간 10년의 세월은 매우 의미있는 기간이었을 것이다. 40대에서 50대로 접어들었으며 장성한 자녀들이 결혼을 하여 손주를 보게 되었고 직장에서의 연륜과 전문성이 튼실하게 쌓여간 시간이었다. 그와 함께 인간과 사회, 시에 대하여 나름 깊게 성찰하고 고민하며 나름의 철학과 삶의 화두를 찾아낸 10년이었다면 그간의 내면여정과 탐색이 두 번째 시집 『별들이 내리는 새벽』을 통하여 소박하게 표현되었다고 보아야 할 것이다.

첫 시집 제목 『그리움의 징검다리』에서 내비치는 다소 감상적이고 소녀취향의 정서가 정돈되고 깊어지면서 이제 시와 삶을 바라보는 시인의 독특한 관점과 해석이 제자리를 잡아가고 있다. 이 시집 후기에서 시인은 "(……) 두번째 시집을 내며 다시 한번 사랑을 배우고 사랑을 실천하며 살아갈 수 있도록 노력하리라."라는 다짐을 피력한다. 이제 제 2시집을 계기로 보다 넓고 성숙해진 시의 길, 삶의 시, 경륜의 시학을 펼쳐보일 것이라고 믿는다. 후기에서 시인이 강조한 화두는 '사랑'이다. 시창작 과정을 통하여 사랑을 배우고 실천하며 시 행간행간에서 그것을 형상화하는 작업, 어렵지만 보람있는 도정에 매진할 것임을 약속하였다.

사랑. 진부하지만 더없이 절실한 시의 테마이자 모든 예술 창작의 가장 보편적이며 핵심적인 주제인 사랑은 그 대상과 범주, 표현반경이 넓은 만큼 다채롭고 개성적인 모습으로 형상화된다. 시-사랑-서정, 이 세 개념은 동전의 앞 뒷면처럼 함께 하면서 시인의 감성과 생각의 깊이와 넓이, 주관, 언어 차용능력에 비례하여 실로 무궁무진한 표현으로 삶을 조명하고 인간을 위무하며 어두운 곳을 밝히는 동시에 나아갈 길을 비추는 잠재력을 가지고 있다고 우리는 믿는다.

나날의 삶과 도시서정

시가 어렵다고 한다. 하루가 다르게 각박하고 힘들어지는 삶속에서 언뜻 이해하기 어려운 난해한 시를 왜 읽느냐고 묻는다. 재미있는 것이 많고 많은데 골치아픈 시를 경원하는 세상이다. 영상매체가 유발하는 감각소구(訴求)에 순치되어 버린 사람들에게 시는 더욱 접근하기 힘든 대상이 되었다. 그런 가운데서도 옆사람에게 이야기하듯 감각 일변도의 어구, 듣기 좋고 물색없는 표현을 골라 별다른 고민과 검증을 거치지 않고 행과 연으로 갈라놓고 詩라고 발표하는 시인들이 여럿 있다. 이런 유형의 작품이 시집판매와 인터넷 공간에서 대중의 인기를 얻으면서 시의 본류인양 인식되는 현실이고 보면 시의 난해성과 대중성, 일상성 문제는 하루이틀에 종결될 사안은 아닌 듯하다. 그러나 점차 난해시의 무상성과 불모성에 대한 이의제기가 깊어지면 깊어질수록, 현대시가 지치고 힘든 일상의 삶을 위무하고 氣를 불어 넣어주는 사명을 감당해야 한다면 시의 첫 미덕은 넓은 공감대 확보와 일상차원의 시적 표현력 확보가 아니겠는가. 그렇다고 시의 효용과 기능을 이렇다 저렇다 양도논법으로 재단할 일은 아니다. 더구나 난해시의 대중접근 노력과 일상시의 철학적 메시지 함량 증가 노력이라는 방법만으로도 여의치 않다면 결국 선택의 몫은 독자에게로 넘어간다. 비록 소수이기는 하지만 더없이 높아진 독자의 수준과 안목이 공급과잉의 우리 현대

시를 이끄는 형국이다.

이 시집을 통하여 주목할 만한 단서는 우선 일상의 삶과 도시를 배경으로 하는 서정성의 섬세한 표출이다. 그 서정은 난삽한 수사나 언어의 기교를 배제하는 까닭에 공감대 확보가 용이하다. 현대시 대부분이 서정을 기반으로 그 단초를 풀어나가는 작업을 수행하지만 그 서정의 무대는 제각기 다르다. 그런만큼 우선 서정이 개진, 표현되는 상황설정은 시작품을 이해하는 첫 단계가 될 수 있다.

「일상」이라는 작품은 이 시집에 수록된 여러 시편들의 특성을 집약하면서 오양순 시인의 시적 공간을 도회지, 직장 그리고 집이라는 삼각구조로 집약시킨다. 이 구도 속에서 시인은 섬세한 감성의 실타래를 한올 한올 풀어가며 독자를 자신의 정서반경으로 초대한다. 오양순 시인의 시에서는 그러므로 사변적이고 형이상학적인 표현이나 모호한 수사, 언뜻 이해하기 어려운 상징과 우의를 찾아보기 힘들다. 유연하지만 탄력있는 감성의 시구나 어휘에 힘입어 시적 형상화 작업은 경쟁력을 갖게 되었다.

아침은 고요하다
다시 시작하는 일상의 예고편처럼
난 또 하루를 걸고
싸워야 한다

(……)

하루의 마지막 장면
어둠이 스미고
지친 발걸음으로 돌아오면
어느덧 침대 위에서
혼자만의 누드 모델이 된다.

— 「일상」 부분

일상에서 무엇을 찾아내는가

일상의 속성은 누구에게나 늘 비슷하다. 휴식과 잠-출근-일터-퇴근이라는 반복되는 사이클 속에서 각자의 '전쟁'이 반복된다. 전쟁이란 여기서 총칼을 들고 맞서 싸워야 한다는 개념을 외연하여 직장과 주변인물 그리고 무엇보다도 자기자신과의 싸움이라는 의미에서 오양순 시인이 매일 치러내는 전쟁은 현대인의 일상을 요약하고 있다. 힘겹게 싸워야 하지만 퇴근후 돌아갈 집이 있고 그 사이사이 이러저러한 계기로 미소도 지을 수 있는 싸움터가 ("(……) 드라마의 주인공처럼/ 카메라가 돌아가고/ 가끔은 만족한 미소를/ 쓸어안고 살지만……. -「일상」) 바로 이 시집에 수록된 시편들의 주된 무대로 등장하고 있다.

일상은 단순해 보이지만 동시에 여러 층위의 생각을 자아내는 원천이 된다. 반복되는 일상에도 불구하고 매 순간 그 일상은 시인에게 숱한 생각과 감정, 느낌과 욕구를 불러 일으키면서 도시서정의 시학은 골격을 갖추어 간다. 두려움, 만족, 비애, 기다림, 욕망, 도피의식 같이 어떤 한 가지 카테고리로 묶기 어려운 감성의 실타래가 이 일상의 여백에서 연역되고 있다. 가령 도피욕구는 복잡한 도시생활에서 자주 찾아드는 유혹의 형상으로 나타난다.

(……)
모든 것을
가릴 수 있는
검은 커튼 뒤에 숨고 싶은
하루가 내 앞을 서성입니다.

—「하루」 부분

시의 원천으로서의 두려움

도피욕구의 출발은 우선 두려움에서 비롯된다. 오랜 사회생활, 직장경험에도 불구하고 세상과 사회의 예측불가능한 매개변수는 늘 우리를 두렵게 한다. 낙천적인 감성과 의지로 순간순간 슬기롭게 대처하지만 그 원천에 자리잡은 본질적인 두려움은 그리하여 시인에게 극복의 대상인 동시에 시적제재로 나타나고 있다. 「우연」, 「지우개」, 「기억 속으로」, 「어머니 1」 그리고 「내 영혼은 잠들지 못한다」 같은 작품은 바로 이 두려움이라는 객체를 마주한, 또는 그것을 시적 대상을 마주하는 내면여정의 표현으로 해석된다. 두려움의 실체는 명백한 현실상의 事象이기도 하고 모호하고 추상적인 관념차원에 머물 수도 있을 것이다. 특히 형이상학적인 추상성에 관련된 경우 극복노력과 의지는 더욱 치열해 진다.

(……)
그 표면을 보여주지 않기 위해
몸부림친다

고통으로 지친 문을 닫고
가면을 씌워보지만
다시 흔들리며
동경의 세계를 갈망하는
내 영혼은 잠들지 못한다
—「내 영혼은 잠들지 못한다」 부분

"초점을 잃어버린/ 흐린 기억일랑 털어버리자, 그 속에 담겨있는 아픔/ 하얗게 지워/ 멈추게 하고 싶다, 보석같은 네온의 불빛/ 내려앉은 거리에서/ 지난/ 기억 한 조각을 꺼낸다" 같은 시구가 보여주는 진솔한 내면고백으로부터 두려움과 기대가 교차되는 새벽을 맞는 소회피력에 이르기까지 이 시집에서 오양순 시인이 보여주는 예민한 감성표현과 그 직조력은 주목할 만하다. 자신의 내면에 대한 물음, 세상의 잡답함과 종잡을 수 없는 인간본성에 대한 의문, 자연의 조화와 엄숙한 그 순환과정을 바라보는 경외심 어린 두려움에 이르기까지 시인이 보여주는 두려움, 의문 그리고 그것을 넘어서는 규명과 소통의지는 사실 인간본연의 속성으로 해석된다. 물음제기와 관조와 명상, 성찰을 거쳐 시인은 두려움의 출구,

오랜 미망과 깊은 생각의 출구를 찾아내려 한다.

두려움의 본질은 무엇일까. 인간이면 가질 수밖에 없는 본능적인 공포와 의혹이 있을 수 있고 이루어지기 어려운 소망을 향한 애틋한 아쉬움과 미련도 거기에 포함될 것이다. 또한 알지 못하는 세상, 미답의 영역에 대한 호기심은 이 경우 중요한 시적 제재로 원용된다.

두려움의 영역은 사랑의 범주까지를 포괄한다. 특히 서정시의 경우 사랑의 설레임, 조바심, 이런저런 걱정은 사랑과 두려움이라는 이항대립 명제를 형성하면서 확대된다. 이렇게 본다면 사랑의 개념을 단초로 하는 두려움의 해소과정이 이 시집의 내면여로, 정신적 순례의 기록이 될 수 있는데 여기에 애틋한 심성이 더해지면 그 두려움과 본격적으로 마주하게 된다.

비가 오면
나는 너의 우산이 되고 싶었다

(……)

세상에 태어나
단 한 사람을 사랑하고
그 사랑을 놓칠까 두려워
새벽보다 더 깊은 새벽으로
그 사랑을 몰고 간다

—「우산이 되어」 부분

두려움에서 사랑으로

이 시집에서 빼어난 작품의 하나인 이 시를 통하여 우리는 시인이 나타내는 두려움, 그 내밀한 가슴앓이의 원류가 사랑에 맞닿아 있음을 본다. 그러기에 자연도 시인의 마음을 아는듯 상징적인 표시로 공감의 싹을 열고 있다 ("(……) 까맣게 지워지는 여름밤/ 무언의 의식 속으로/ 속삭임 하는 별들까지/ 내 방황을 안 것일까// 먼 곳까지 찾아와/ 깜빡이는 별들"-「방황의 베일」 부분). 자연 대상물과 교감을 이루고 사랑이 형성하는 자력에 고무된 시인은 어머니, 아들 같은 친족과의 인연의 힘을 통하여 모호한 것, 두려운 것으로부터 벗어날 수 있었다. 어머니, 아들을 聽者로 하는 여러 시편들이 외면상으로는 혈연의 정, 평범하고 보편적인 애정의 발로로 해석될 수 있지만 그 속에는 온통 모호하고 불명확한 수수께끼로 가득찬 세상과 우주의 불가사의, 두려움에 맞서 투명한 해법을 찾아나서는 대장정의 기록이 내재하고 있다고 말할 수 있다. 더러 과장된 표현, 시적 쇄신과 참신성에 이르지 못하는 일상적인 서술이 포함되었지만 그것이 작품성을 훼손하는 큰 흠결이 되지 못하는 이유도 여기에 있다.

일상의 전쟁에서 늘 투지를 새롭게 하며 신선한 의욕을 충전할 수 있는 것도 이런 사랑의 존재, 두려움에 맞서게 해주는 인연의 끈이 있는 까닭이다. 행복이라는 추상적이지만 절실한 개념이 자리잡으면서 두려움은 마침내 중화, 무력화 될 수 있었다. 생활의 치열한 각축 속에서 행복이 생성된다.

또 언쟁이 시작된다

같은 시간
같은 일이지만
언제나 그렇듯이
대지 위를 적신 굵은 빗줄기에
온몸으로 퍼진 욕망들을 씻어내며
늘 가슴은 행복이라 속삭인다

—「스산한 오후」 전부

스산한 오후라는 제목과는 달리 시행은 고요한 관조에 싸여 두려움을 떨쳐내고 얻은 작은 행복, 욕망의 틈입을 막아낸 자연과의 동화로 충만해 있다. 이 시집의 많은 시편들은 이렇듯 긍정의 힘을 형성하면서 단단하고 촘촘하게 축조되어 있다. 한없이 여리고 부드러울 것 같으면서도 때에 따라 더없이 단호하게 시시비비, 正과 邪를 가려내면서 그것을 시로 형상화하는 시인의 원형질이 두 번째 시집을 통하여 확인된 것이다.

이 시집을 시종하여 드러나는 사랑의 이미지는 어느 누구를 향해 열린 것일까. 상당수의 시편에서 사랑을 노래하고 있지만 그 대상은 여전히 명료하게 나타나지 않는다. 어머니, 아들, 자신과 삶 그리고 주변 같은 가시적인 대상을 향해 사랑을 피력하는 서사를 제외하고는 사랑의 대상은 줄곧 숨어 있다.

눈을 뜨면
보이지 않는 체온

죽을힘 다해
그대를 안고
또 안아서
더 이상 보내지 않고
내 가슴에 꼬옥 안아둡니다

—「그리움이라는」 전부

짧은 외형 깊은 함의

오양순 시인의 시작품은 대체로 분량이 짧다. 간결하고 군더더기가 없다. 언어의 압축이라는 시의 미덕에 충실하면서도 끝부분에 독자로 하여금 고유한 느낌을 풍성하게 만드는 일정 분량의 암시와 함의를 던져주고 있다. 이 경우 사랑의 대상이 명료하게 드러나면 시의 공감대는 반감하게 마련이다. 「전화」 같은 작품에서는 5행에 걸친 동일시구 반복으로 절실한 연모의 정을 과장없이 담아낸다. "그리워하면서도 영원히 이별하자고 말한다"는 역설적 언사는 애틋함을 배가시키는 동시에 시인이 지니고 있는 사랑이라는 막연한 관념을 구체적으로 설명해주는 촉매가 될 수 있었다.

그리움과 이별, 구체성과 막연함, 대립과 화해 같은 이항대

립 명제로 삶과 세상, 자신과 타인을 바라보고 거기서 소박하지만 소중한 시적 연상의 주제를 찾아내는 오양순 시인의 시선과 호흡은 이제 제 2시집 출간을 계기로 한층 성숙하고 깊어졌다.

대체로 시인은 세 번째 시집에 이르러 자신의 목소리를 더욱 확실하게 드러내고 향후 천착할 시적 관심사의 줄기를 확실하게 잡는다고 이야기 하듯이 오양순 시인은 『별들이 내리는 새벽』 을 펴내면서 스스로 깊이 파고들 시의 영역과 색깔을 찾아내게 되었다. 거기에 더하여 삶을 노래함에 있어 추상적이거나 관념적인 언사, 심상노출을 피하면서 보다 구체적인 현실에 발딛고 때로는 과감하게 더러는 열정적으로 가슴에 닿은 서정을 노래하기 바란다. 수줍음, 내성, 망설임 같은 소극적인 감성표현은 지금처럼 바삐 움직이는 디지털 사회에서 독자들의 주목을 끌기 어렵기 때문이다. 이중인간으로 표상되는 복잡다단한 인간의 내면과 정서를 노래함에 있어 시인은 그 모든 것을 아우르면서 대승적인 불빛으로 인도해야하는 사명을 지녔기 때문이다.

「별들이 내리는 새벽」 에 바라보는 시의 힘

서정과 감수성은 결곱고 단아하지만 더러 고정관념과 인식의 틀을 깨뜨리고 파격의 목소리를 내기도 해야하지 않겠는

가. 이러한 여러 가능성이 이번 시집에서 구체적 또는 암시적인 단서를 보여주고 있어 반갑다. 이즈음 척박하고 건조한 물신숭배 사회, 계량화 시대에 부드럽고 섬세한 감성이 소중한 미덕의 하나가 되기는 하지만 정보화 사회의 인간이 지닌 다면성, 복합성 그리고 가변성향 같은 여러 측면을 노래하기 위해서는 보다 다면적인 성찰과 소재-제재의 확산과 아울러 명상의 심화를 주문한다.

그런 의미에서 이 시집의 표제시 「별들이 내리는 새벽」은 감각적인 제목도 그러하고 언어선별과 조탁, 감성서사의 탁월함이나 정서영역의 확장 등 여러 층위에서 다음 시집을 기다리게 하는 빛나는 향도역할에 충실하다. 다시 말하면 서정시가 이룩할 수 있는 여러 성취의 가능성을 보여준다. 시를 씀으로써, 시를 읽음으로써 시시각각 우리 존재를 위협하는 갖가지 크고 작은 두려움으로부터 벗어나 제각기 설정한 삶의 도정, 성취를 아름답고 순조롭게 지향할 수 있는 힘을 시에서 확인시켜주기를 아울러 바란다.

고요하다 못해
새벽은
두려움으로
시린 가슴을 들썩입니다

어둔 하늘엔
별이 구름 뒤에 갇혀있지만
마음 속 무수한 별들이

눈을 뜹니다
아침은
눈부신 햇살을 안고 와
내 곁에 머물겠지요

— 「별들이 내리는 새벽」 전부

두번째 시집을 내며…

메마른 그리움과 사랑의 늪에서 시작했던
철부지 아이의 수줍음으로
첫번째 시집을 내고
10년만에 글을 모아 또 한권의 시집으로
세상에 선을 보인다.
늘 작고 부족한 마음이지만
글을 접할 때마다
가슴 한쪽은 뿌듯함을 느낀다.
글을 알기 시작한 시절부터 지금까지
나는 늘 마음의 부자였다.
두번째 시집을 내며 다시 한번
사랑을 배우고 사랑을 실천하며
살아갈 수 있도록 노력하리라.

별들이 내리는 새벽

오양순 시집

발 행 일 | 2012년 9월 5일
지 은 이 | 오양순
발 행 인 | 李憲錫
발 행 처 | 오늘의문학사
출판등록 | 제55호(1993년 6월 23일)
주　　소 | 대전광역시 동구 삼성1동 125-6 한밭오피스텔 401호
전화번호 | (042)624-2980
팩시밀리 | (042)628-2983
홈페이지 | http://www.lito77.co.kr(홈페이지)
전자우편 | hs2980@hanmail.net

공 급 처 | 한국출판협동조합
주문전화 | (070)7119-1741~2
팩시밀리 | (031)944-8234~6

ISBN 978-89-5669-516--7
값 8,000원